Alphabet
du
Petit soldat !

1868

2008

ALPHABET

DU

PETIT SOLDAT.

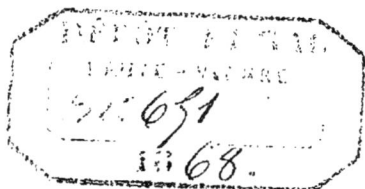

ALPHABET

ILLUSTRÉ

LE PETIT SOLDAT

BARBOU Fres
ÉDITEURS
LIMOGES

(681)

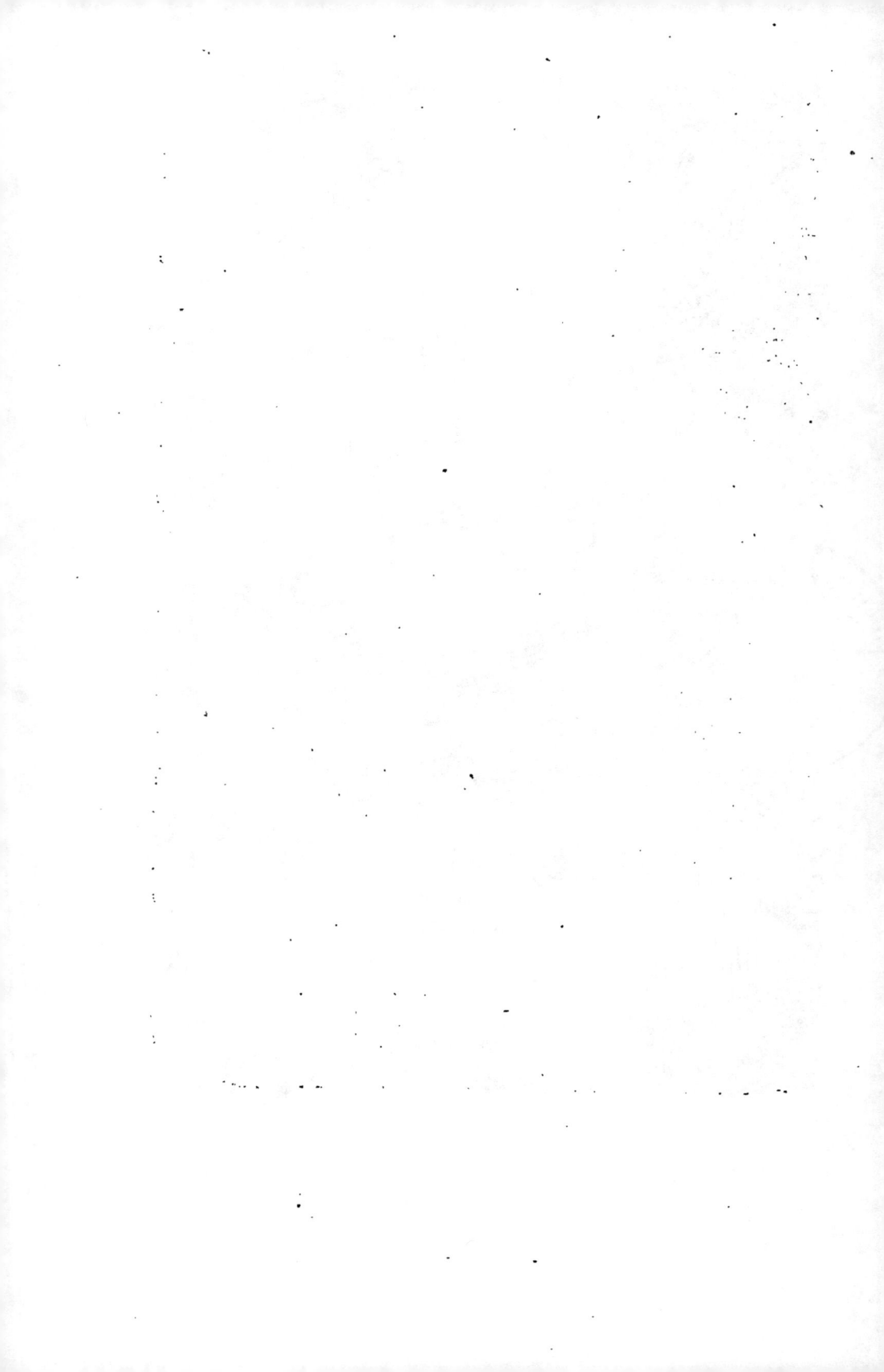

LETTRES MAJUSCULES.

A   B   C

D   E   F

G   H   I J

K   L   M

N   O   P

Q   R   S   T

U   V   W

X   Y   Z

LETTRES MINUSCULES.

a b c d e

f g h i j

k l m n o

p q r s t

u v w x y z

LETTRES MINUSCULES ITALIQUES.

a   b   c   d   e

f   g   h   i   j

k   l   m   n   o

p   q   r   s   t

u   v   w   x   y   z

A-ni-mal.

Bé-bé.

Ça-ba-ne.

Da-me.

É-cer-ve-lé.

Fi-gu-re.

Gen-dar-me.

Ha-me-çon.

I-do-le.

Jou-jou.

Ka-ka-to-ès.

Li-las.

Ma-man.

Nau-fra-ge.

O-ran-ge.

Pa-pa.

Quê-te.

Ro-se.

Ser-pent.

TU-li-pe.

Voyage en Wagon.

SphinX.

Yo-le.

Zé-phir.

VOYELLES.

(Les voyelles sont des lettres qui peuvent se prononcer sans le secours d'aucun son.)

A E É È Ê

I O U Y

a e é è ê i o u y

CONSONNES.

(Les consonnes sont des lettres qui ne peuvent pas se prononcer sans être jointes à des voyelles.)

B C D F G H J
K L M N P Q R
S T V W X Z

b c d f g h j
k l m n p q r
s t v w x z

ACCENTS.

Il y a trois accents :

L'accent aigu, qui se met sur l'*e* fermé :

Ru-s*é*.

L'accent grave, qui se met sur l'*e* ouvert :

Mè-re.

L'accent circonflexe, qui se met sur les voyelles longues :

Pâ-tre Fê-te E-pî-tre Pô-le Flû-te.

B

(Faire lire d'abord aux enfants les syllabes les unes après les autres dans le sens vertical; ainsi : *ba, be, bi, bo, bu; si, sa*, etc.; et ensuite dans le sens horizontal ; exemple : *Ba-si-lic, Be-sa ce.*)

Ba - si - lic

Be - sa - ce

Bi - no - cle

Bo - lé - ro

Bu - ra - lis - te

C

Ca - li - cot

Ce - ri - se

Ci - ta - din

Co - lo - nie

Cu - mu - ler

Ac-cé-der

Ec-clé-si-as-te

I-co-glan

Oc-cu-pé

2

D

Da - li - la

Dé - bi - ter

Di - plô - me

Do - mi - no

Du - re - té

Ad-mi-ra-ble

E-dre-don

I-do-le

O-do-rat

F

Fa - mi - ne

Fe - nai - son

Fi - ne - ment

Fo - lâ - tre

Fu - ti - le

Af-fec-té

Ef-fron-té

If

Of-fen-ser

G

Ga - lè - re

Gé - né - reux

Gi - ber - ne

Go - be - lins

Gut - tu - ral

Ag-gra-ver

E-gli-se

I-gno-rant

O-gi-ve

H

Ha - bi - le

Hé - bé - ter

Hi - dal - go

Ho - no - ra - ble

Hu - ma - ni - té

A-hu-rir

E-hou-per

Uh-lan

Yacht

2.

J

Ja - ve - lot

Je - ton

Jo - cris - se

Ju - ge - ment

A-jou-ter

K

Ka - mi - chi

Ker - mes - se

Ki - lo - mè - tre

U-ka-se

L

La - bou - rer

Lé - gu - me

Li - bé - ral

Lo - ca - tai - re

Lu - mi - neux

Al-lu-mer

El-liptique

Il-lé-gal

Ul-té-rieur.

M

Ma - man

Mé - ri - te

Mi - nu - te

Mo - ra - le

Mu - tis - me

Am-mo-nia-que

E-mi-nent

Im-mor-tel

O-mis-sion

N

Na - tu - rel

Né - ga - tif

Ni - ve - ler

No - bles - se

Nu - mé - ro

An-na-les

En-ne-mi

In-no-cent

U-ni-for-me

P

Pa - pa

Pé - ni - tent

Pi - co - rer

Po - lo - nais

Pu - pî - tre

Ap-pé-tit

É-pi-ne

Op-po-ser

Y-pré-au

Q

Qua - dru - pè - de

Que - rel - le

Quil - le

Quo - li - bet

Quin - con - ce

Quin-qui-na

Quin-te

Quin-ze

É-qui-li-bre

R

Ra - va - ger

Re - mi - se

Ri - gi - de

Ro - bi - net

Ru - mi - ner

Ar-ran-ger

Er-ro-né

Ir-ri-té

O-ran-ge

3

S

Sa - ge - ment

Sé - vè - re

Si - len - ce

So - li - de

Su - bli - me

As-su-rer

Es-to-ca-de

Is-ra-é-li-te

Os-se-let

T

Ta - ci - te

Té - na - ci - té

Ti - mi - de

To - lé - rer

Tu - mul - te

At-ta-cher

É-tu-de

I-ta-li-que

Ot-to-ma-ne

3.

V

Va - can - ce

Vé - gé - tal

Vi - cai - re

Vo - ca - tif

Vul - gai - re

A-vo-cat

E-vi-ter

I-voi-re

O-va-le

X

Xa - vi - er

A - xon - ge

Ex - trê - me

O - xi - der

Y

Ya - ta - gan

Yè - ble

Yo - le

Yuc - ca

Z

Za - gaie

Zé - la - teur

Zi - be - li - ne

Zo - di - a - que

Zo - o - lo - gie

A - zu - ré

CONSONNES COMPOSEES.

Bl	*bla*	son
Br	*bri*	ser
Ch	*che*	val
Cl	*clo*	che
Cr	*cru*	el
Dr	*dry*	a de
Fl	*fla*	con
Fr	*fre*	lon

Gl	*gl*is	ser	
Gn	*gn*o	me	
Gr	*gr*u	ger	
Ph	*ph*y	si	que
Pl	*pl*a	cet	
Pr	*pr*é	cis	
Rh	*rh*u	bar	be
Sc	*sc*i	en	ce
Sl	*sl*a	ve	

3..

Sp   *spo* li er

St   *sty* let

Th   *thé* â tre

Tr   *tri* bu nal

Chr *chré* tien

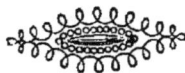

VOYELLES COMPOSEES.

An *an* se

Am *am* ple

En *en* clos

Em *em* plir

In *in* fi ni

Im *im* po li

Ain ai r*ain*

Aim *faim*

Ein fr*ein*

Ym th*ym*

On *on* gle

Om *om* bre

Un cha *cun*

Um par *fum*

Ou *ou* til

Ai *ai* mer

Eai g*eai*

Ey   *dey*

Ei   *pei* ne

Au   *au* teur

Eau ca *deau*

Eu   *jeu*

Œuf *bœuf*

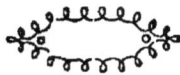

DIPHTONGUES.

[On appelle *diphtongue* deux voyelles réunies dans une même syllabe, et faisant entendre deux sons distincts.]

Ia   p*ia* no

Ié   t*ié* deur

Iè   lu m*iè* re

Io   p*io* che

Ieu   p*ieu*

Iou   ch*iou*r me

Ian   v*ian* de

Ien   b*ien*

Ion   l*ion*

Oi   *foi*

Eoi   bour *geois*

Oin   *loin*

Ouin   ba b*ouin*

Oua   r*oua* ge

Oué	*roué*
Ouen	*Rouen*
Oui	*louis*
Ua	*rua* de
Uï	ap p*uï*
Uin	*juin*

LETTRES DOUBLES.

[Les deux lettres pareilles, placées à côté l'une de l'autre, se prononcent comme une seule lettre ; ainsi *abbé* se prononce comme si l'on écrivait : *a bé.*]

cc comme *c* a *cc*ord

ff *f* a *ff*i che

gg *g* a *gg*ra ver

ll *l* a *ll*er

mm *m* co *mm*is

nn comme *n*   co *nn*aître

pp   *p*   a *pp*é tit

rr   *r*   a *rr*êt

ss   *s*   e *ss*ai

tt   *t*   a *tt*a cher

LETTRES NULLES.

[Les lettres muettes ne se prononcent pas.]

a S*a*ône   e f*r*ein

o La*o*n   d bon*d*

g coin*g*   h *h*umain

l fi*l*s   ps tem*ps*

t tou*t*   x yeu*x*

z ne*z*

CHIFFRES ARABES.

1	2	3	4	5
un	deux	trois	quatre	cinq

6	7	8	9	0
six	sept	huit	neuf	zéro

CHIFFRES ROMAINS.

I	II	III	IV	V
1	2	3	4	5

VI	VII	VIII	IX	X
6	7	8	9	10

LECTURES COURANTES

Ar-mé-e.

Ran! plan! plan!
le pe-tit tam-bour

que Paul a re-çu
pour sa fê-te ré-
son-ne du ma-tin
au soir. Le pe-tit
gar-çon ran-ge ses
a-mis en ba-tail-le,
et c'est lui qui est
gé-né-ral de cet-te
ar-mé-e de ta-pa-
geurs.

Ba-tail-le.

Paul a pas-sé la re-vue; ses sol-dats sont en bon or-dre;

il s'a-git main-te-
nant de li-vrer ba-
tail-le. L'en-ne-mi
se-ra un pau-vre
chat qui pas-se par
ha-sard ; l'ar-mé-e
en-ti-è-re se met à
sa pour-sui-te. Mal-
heu-reux a-ni-mal,
que va-t-il de-ve-
nir ?

Ca - non.

Con-nais-sant les
goûts mi-li-tai-res
de son fils, le pa-pa

de Paul lui fait ap-
pren-dre à li-re dans
un li-vre où l'on ra-
con-te l'his-toi-re
d'un en-fant cé-lè-
bre, le vi-com-te de
Tu-ren-ne, qui, tout
jeu-ne en-co-re,
pas-sa u-ne nuit
d'hi-ver sur l'af-fût
d'un ca-non.

Dé-rou-te.

Dans sa fu-reur
bel - li - queu - se,
Paul ne res-pec-te

rien. Ses ca-ma-ra-des et lui es-ca-la-dent les planches de l'ar-moi-re aux con-fi-tu-res; Paul prend un pot de gro-seil-les. Le cui-si-nier ac-court ar-mé d'un bâ-ton, et met l'ar-mé-e de Paul en dé-rou-te.

E-ten-dart.

Main-te-nant on
est à la cam-pa-
gne, et c'est un ré-

4.

gi-ment de ca-va-
le-rie que Paul rê-
ve d'or-ga-ni-ser.
Il ob-tient la per-
mis-sion de lou-er
des â-nes sur les-
quels il fait mon-
ter ses sol-dats; et,
se pla-çant à leur
tê-te, il dé-ploie un
bel é-ten-dard.

Fâcheuse affaire.

On ar-ri-ve en bon or-dre jus-qu'à un pe-tit ruis-seau.

A cet en-droit, la mon-tu-re de Paul re-fu-se d'a-van-cer. Le pe-tit gar-çon, fu-rieux, frap-pe l'â-ne a-vec le bâ-ton de son é-ten-dart ; l'â-ne re-gim-be, et bien-tôt son ca-va-li-er rou-le dans le ruis-seau.

Gen-dar-me.

Oh! le beau sol-dat! dit Paul à sa bon-ne, com-me il a l'air fi-er et bra-ve! je l'ai-me dé-jà; ap-pro-chons-nous de lui.

Paul ap-pro-che du gen-dar me jus-
te au mo-ment où ce-lui-ci met la main
sur l'é-pau-le d'un ga-min qui vo-le des
pom-mes à une frui-tiè-re. Il l'em-
mè-ne en pri-son, et Paul, qui se rap-
pel-le a-voir la veil-le vo-lé des con-
fi-tu-res, n'ai-me plus au-tant le gen-
dar-me.

Hal-te-là !

Paul est é-ton-né de voir un sol-dat en fac-ti-on à la por-te du mu-sée, il ne peut com-pren-dre à quoi il sert.

Son pa-pa lui ex-pli-que com-ment, si
un hom-me mal-hon-nê-te em-por-tait
du mu-sée un pe-tit ta-bleau, la sen-
ti-nel-le en fac-ti-on l'ar-rê-te-rait en
lui cri-ant : Hal-te là !

In-vin-ci-ble.

Je pa-ri-e que pas un seul par-mi
vous n'au-ra la for-ce de me je-ter par
ter-re, dit Paul à Eu-gè-ne, à Au-gus-te

5

et à Hen-ri. En ef-fet, ils l'es-sa-yent en vain ; mais Char-les, qui a sei-ze ans, ar-ri-ve et pre-nant Paul dans ses bras il le po-se en ri-ant par ter-re. Tu vois, Paul, lui dit-il, que tu n'es pas in-vin-ci-ble ; il n'est pas un hom-me qui puis-se di-re qu'il ne se-ra vain-cu par au-cun au-tre.

Jou-te.

On don-ne un car-rou-sel dans la
vil-le que Paul ha-bi-te. Ju-gez de sa
joie quand son pè re lui an-non-ce qu'il

5.

va l'y con-dui-re. Il as-sis-te à u-ne
jou-te en-tre deux sol-dats cos-tu-més
com-me des che va-liers de l'an ci-en
temps et cou-verts d'ar-mu-res de fer.
Paul dit qu'il vou-drait ê-tre che-va-
li-er.

Knout.

Un on-cle de Paul ar-ri-ve de Rus-
sie et, sa-chant le goût de son ne-veu
pour l'é-tat mi-li-tai-re, il lui ra-con-te

com ment, à la moin-dre fau-te, les sol-
dats Rus-ses re çoi-vent des coups frap-
pés a-vec un ter-ri ble ins-tru-ment
ap-pe lé knout.

Lan-ci-er.

Les ré-cits de l'on-cle de Paul ne
sont pas du goût du pe-tit gar-çon. Il
ai-me bien mieux cau-ser a-vec son

cou-sin le lan-ci-er qui mon-te sur un grand che-val les jours de re-vue, qui por-te un u-ni-for-me bril lant et u-ne lan-ce plus gran-de que lui ; et qui sur-tout ra-con-te à son pe-tit cou-sin des his-toi-res su-per-bes qui le font quel-que-fois ri-re aux larmes et qui, d'au-tres fois, lui font tel-le-mentpeur qu'il en rê-ve pen-dant tou-te la nuit.

Ma-ré-chal.

Un jour le cou-sin de Paul lui ex-
pli-que com ment un sim-ple sol-dat
peut, s'il est bra-ve et ins-truit de-ve-

5..

nir ma-ré-chal de Fran-ce, c'est-à-di-
re ê-tre au-des-sus de tous les mi-li-
tai-res, les ca-pi-tai-nes, les co-lo-
nels, les gé-né raux. Paul rê ve dé-jà
d'ê-tre un jour ma-ré-chal de Fran-ce.
Son cou-sin lui dit qu'a-vant tout il
faut de-ve-nir sa-vant et bien ap-pren-
dre à li-re. Paul, à ce mot, court cher-
cher son al-pha-bet et se met à é-tu-
dier a-vec ar-deur.

Nu-mé-ro.

Tout le mon-de ne par-ta-ge pas les goûts bel-li queux du pe-tit Paul ; voi-ci des cons-crits qui vien-nent de tirer au sort , pour sa-voir quels se-ront ceux qui de-vront ê-tre sol-dats. Re-gar-dez ce pau-vre gar-çon qui a le nu-mé-ro *un* at-ta-ché à son cha-peau ; il faut qu'il par-te ; mais il est bien tris-te : ses pa-rents sont pau-vres, il leur ve-nait en ai-de par son tra-vail, et, quand il ne se-ra plus là, ils en se-ront peut-ê-tre ré-duits à de-man-der l'au mô-ne pour ne pas mou-rir de faim, ce qui ne se-rait pas ar-ri-vé si leur fils a-vait ti-ré un bon nu-mé-ro.

Or-phe-lin.

Tu vois, mon fils, dit la ma-man de
Paul, qn'on n'est pas tou-jours heu-reu x
d'ê-tre sol-dat ; son-ge au cha-grin, à

l'in-qui-é-tu-de des pa rents de ce cons-crit. Je veux aus-si te mon-trer un jour un pau-vre en-fant de ton â-ge que la guer-re a fait or-phe-lin. Son pè re, qui é-tait sol-dat, est mort dans u-ne ba-tail-le; sa mè-re a suc-com-bé à sa dou-leur, et main-te-nant le mal-heu-reux en-fant res-te seul au mon-de, sans fa-mil-le, sans ap-pui, a-ban-don-né de tous, et trop jeu ne en-co-re pour se suf-fi re à lui mê me.

Pro-jec-ti-le.

Paul a pris sa le-çon de lec-tu-re
a-vec u-ne ap-pli-ca-tion i-nac-cou-tu-
mé-e. Aus-si, pour le ré-com pen ser

de sa sa·ges se, son pa-pa lui per met
d'al-ler à la pro-me-na-de a-vec son
grand cou sin le lan-cier, qui le con-
duit à l'ar-se-nal. Là, Paul voit des
bom-bes, des bou-lets, des o-bus et tou-
tes sor-tes de pro-jec-ti-les des-ti-nés à
don-ner la mort. Mais Paul ne son-ge
pas à ce fu-nes-te ré-sul-tat ; il pen-se
seu-le-ment au bon-heur d'a-voir un bel
u-ni-for-me et un grand che-val comme
en a son cou-sin.

Que-rel-le.

Il est bien d'ê-tre bra-ve, mais ce n'est pas une preu-ve de bra-vou-re que de cher-cher que-rel-le à tout le mon-

de, com-me Paul le fait sou-vent. Ses
ca-ma-ra-des fi-nis-sent par le crain-dre,
et ce n'est pas sans rai-son. A pei-ne
sont-ils près de lui que ce pe-tit mau-
vais su-jet leur dit des cho-ses dé-sa-
gré-a-bles, leur ar-ra-che leurs jou-
joux, et, lors-qu'ils font mi-ne de se fâ-
cher, il se jet-te sur eux et les bat de
tou-tes ses for ces. Il lui ar-ri-ve quel-
que-fois aus-si d'ê-tre bat-tu, et il le
mé-ri-te bien.

Re-vue.

Le ma-gni-fi-que spec-ta-cle que celui d'u-ne gran-de re-vue ! Tous les
mi-li-tai-res sont en te-nue, leurs ar-

mes bril-lent d'un é-clat ex-tra or-di-
nai-re. Les dra-peaux s'a-gi-tent au
gré du vent, les tam-bours bat-tent,
la mu-si-que guer-riè re fait en-ten-dre
de bru yan-tes fan-fa-res, les che-vaux
pi af-fent et hen nis-sent, les spec-ta-
teurs crient, se bous-cu lent et sont
cou-verts de pous-si-è-re. L'é-tat ma-
jor a-vec des bro-de-ries et des é pau-
let-tes d'or, a-vec de nom-breu-ses dé-
co-ra-tions, pas-se la re-vue.

Tambour-major.

Re-gar-dez ce bril lant mi-li-tai-re qui mar-che de vant les au-tres sol-dats. Il est d'u ne tail le ma-jes tueu-se et bran-dit avec fier-té u ne can ne

trois fois aus-si hau-te que vous. Est-
ce un gé né-ral ou un ca-pi-tai-ne? Ce
n'est ni l'un ni l'au-tre, c'est tout sim-
ple-ment un tam bour ma-jor. Il est
très-fi-er de sa hau te tail-le et re-
gar-de tout le mon-de du haut de sa
gran-deur. Il n'y a ce-pen-dant pas
de quoi se glo-ri-fier à ce point par ce
que Dieu ac-cor-de quel-ques cen ti-
mè-tres de plus aux uns qu'aux au-
tres. Il est des qua-li-tés qu'il faut ac-
qué-rir et qui ont à ses yeux u-ne
im-por-tan ce beau-coup plus gran-de.

Une Vivandière.

A la re-vu-e, ad-mi rez aus-si cet-te
vi-van-diè re qui por te sous.le bras
un bi don con-te-nant de l'eau-de-vie
qu'el-le don ne à boi-re aux sol-dats

pen-dant les mar ches lon gues et pé-
ni-bles qu'ils sont o-bli-gés de fai re.
Com me el-le a l'air mar-tial a-vec son
pe tit cha-peau de toi le ci-ré-e co-
quet-te-ment po-sé sur l'o reil le ! El
le por-te un cos-tu me qui rap-pel-le
l'u-ni-for me des sol-dats et el le est
aus-si bra-ve qu'un sol-dat ; sur-le
champ de ba-tail-le el-le s'ex-po-se
sou-vent à de grands dan-gers pour
por-ter à de mal-heu-reux bles-sés u-
ne gout-te d'eau-de-vie qui ra-ni-me
leurs for-ces et leur cou ra-ge.

Yatagan et Zagaie.

Paul re tour-ne à la pro-me-nade a-
vec son cou sin. Ils vi-si-tent un mu-
sé-e ren-fer-mant des ar-mes fort cu-
rieu ses ; deux ar-mes sur-tout at ti-

6

rent l'at ten-tion du pe-tit gar-çon ; son cou-sin lui en dit le nom et lui en ex-pli-que l'u-sa-ge : L'u-ne est u-ne za-gai e, sor-te de ja-ve lot ou de dard dont se ser-vent pour le com-bat les ha-bi-tants du Sé-né gal et beau-coup de peu-ples sau-va-ges ; l'au-tre est un ya-ta gan, es-pè-ce de poi-gnard turc. Paul ne peut se las-ser d'ad mi-rer les ri-ches or ne-ments qui em-bel-lis-sent le man-che de ce der-nier. Il ne peut se dé-ci-der à quit-ter le mu-sé e, son cou-sin est o-bli-gé de se fâ-cher pour l'em-me-ner.

POUR SAVOIR COMMANDER

IL FAUT APPRENDRE A OBÉIR.

Beaucoup de petits garçons, vifs et
turbulents comme Paul, rêvent de de-
venir militaires. Ils se figurent qu'ils
seront tout de suite généraux ou au
moins capitaines. Malheureusement ils
ne savent pas que pour être capable
de commander il faut avant tout être
capable d'obéir. Un enfant qui veut sé-
rieusement embrasser plus tard l'état
militaire doit s'appliquer à être très-
obéissant afin d'être capable un jour de
se plier à la discipline ; il doit être stu-
dieux, car un ignorant n'obtient pas

d'avancement ; bon camarade, sans quoi il serait détesté de tout le monde ; enfin d'une délicatesse, d'une loyauté et d'une probité à toute épreuve, car un soldat qui ne possède pas ces qualités est l'objet du mépris des autres soldats, et ceux-ci refusent d'avoir aucun rapport avec lui.

UN BON FILS.

On remarque en général que les bons soldats sont d'excellents fils ; ils ont pour leurs parents le respect le plus profond, la tendresse la plus délicate. Un zouave, grand et robuste garçon, au teint brun, à la barbe rousse descendant sur la poitrine, avait sa vieille mère pauvre et infirme dans son village ; il la fit venir à Paris. Pour payer le logement qu'elle occupait il se privait de tout, il renonça même à fumer ; ce qui, pour un zouave est une grande punition. Pour la nourrir, quoiqu'il eût bon appétit, il se contentait de la plus

6.

petite moitié de sa ration et souffrait
de la faim en se gardant bien d'en rien
témoigner. Comme la bonne femme était
paralysée, le brave soldat venait chaque
matin faire le lit de sa mère et balayer
sa chambre. Enfin, désolé de voir que
sa mère si tendrement aimée était pri-
vée de ce luxe de propreté qui ne coûte
rien au village où elle avait l'habitude
de changer souvent de linge, de fichu,
de bonnet, savez-vous ce que fit le
pauvre zouave? Il prit bravement le
linge de sa mère, et s'en alla le laver
à la rivière, malgré les rires et les
plaisanteries des blanchisseuses, qui ne
connaissant pas le noble motif qui le
faisait agir, trouvaient cet humble tra-
vail indigne d'un homme et surtout d'un

soldat. Vraiment il fallait plus de véritable courage au zouave pour accom-
plir une telle action que pour affronter
l'ennemi. Cependant, lorsqu'il eut fini
de laver le linge, il s'agissait de le faire
sécher. Nouvel embarras! mais un
zouave n'est jamais embarrassé; l'ex-
cellent fils fit un paquet du linge et le
plaça tout mouillé sur sa poitrine, sur
ce cœur plein d'un amour filial dont la
chaleur pouvait bien, pensait-il, rem-
placer les rayons du soleil. Ah! disait
celui qui racontait cette histoire, si
ce zouave eût-été au combat en ce mo-
ment, sans doute les balles ennemies
se seraient brisées contre un pareil
talisman; sans doute, Dieu, qui, d'en
haut voit avec plus de plaisir l'héroïsme

qui se cache que la valeur admirée par
les hommes, aurait étendu sa protec-
tion toute-puissante sur le zouave si
complétement dévoué à sa mère.

PRIÈRES

ORAISON DOMINICALE.

Notre Père, qui êtes aux cieux, que votre nom soit sanctifié, que votre règne arrive, que votre volonté soit faite en la terre comme au ciel ; donnez-nous aujourd'hui notre pain de chaque jour, pardonnez-nous nos offenses comme nous les pardonnons à ceux qui nous ont offensés ; ne nous laissez pas succomber à la tentation, mais délivrez-nous du mal. Ainsi soit-il.

SALUTATION ANGÉLIQUE.

Je vous salue, Marie, pleine de grâce, le Seigneur est avec vous. Vous êtes bénie entre toutes les femmes, et Jésus, le fruit de vos entrailles, est béni.

Sainte Marie, mère de Dieu, priez pour nous, pauvres pécheurs, maintenant et à l'heure de notre mort. Ainsi soit-il.

ACTE DE FOI.

Mon Dieu, je crois fermement tout ce que vous avez dit et tout ce que vous nous enseignez par votre sainte

Eglise, parce que vous êtes souverainement véritable dans vos paroles.

ACTE D'ESPÉRANCE.

Mon Dieu, j'espère fermement de votre miséricorde infinie et de votre fidélité dans vos promesses que, par les mérites de Jésus-Christ, mon Sauveur, vous m'accorderez la gloire du ciel et les moyens nécessaires pour y parvenir.

ACTE DE CHARITÉ.

Mon Dieu, je vous aime de tout mon cœur et par-dessus toutes choses, parce que vous êtes infiniment bon et infiniment aimable : j'aime aussi mon prochain comme moi-même pour l'amour de vous.

FIN.

Limoges. — Imprimerie de Barbou frères.

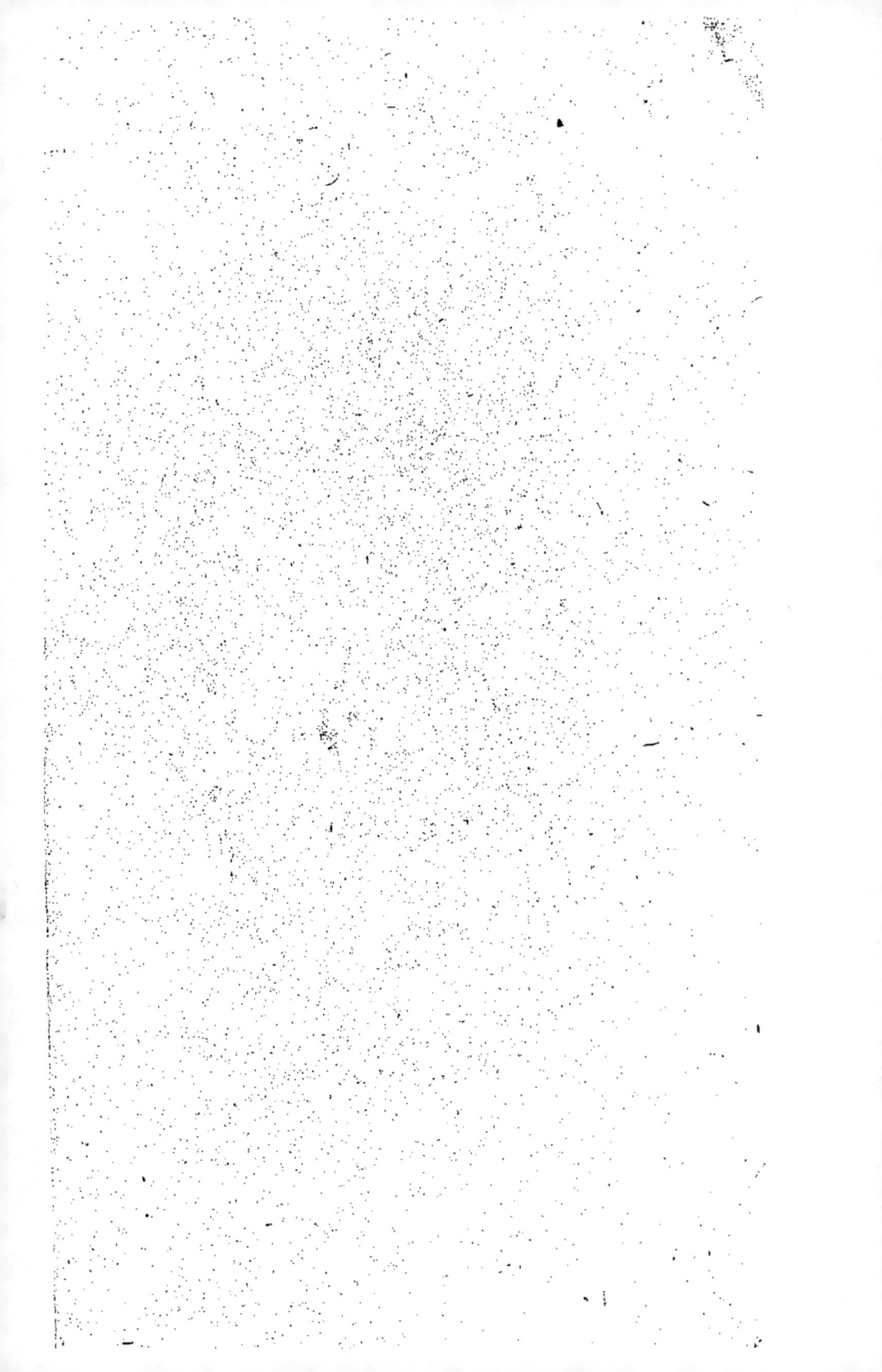

www.ingramcontent.com/pod-product-compliance
Lightning Source LLC
Chambersburg PA
CBHW060617100426
42744CB00008B/1426